小学生のためのソングブック

明日へつなぐもの

栂野知子 作詞・作曲

音楽之友社
ONGAKU NO TOMO EDITION

みんなで歌える歌を
つくりたいと思っていました

つらいことや嫌なことがあっても、子どもたちの笑顔を見たら元気になれる。それが学校という場所で働けることの喜びであり、駆け出し教員の頃の私にとっての心の支えでした。子どもたちの言葉に驚かされたり、感心させられたり、笑わせられたり、考えさせられたり。気がつくと私のほうが教えられ、助けられているのです。そんな子どもたちと「こんな歌が歌えたらいいな」と思いながら曲をつくっているうちに、いつの間にかたどりついた……というのがこの曲集です。

朝の始まりにクラスで毎日のように歌っていた『レッツゴー！ あしたへ』、東日本大震災の後、強い大人になりたいと言っていた子どもたちに心を動かされてつくった『小さな勇気』、先輩たちを送るために一生懸命練習をした『明日へつなぐもの』など、どれをとっても子どもたちの顔が浮かんできます。

音楽専科を担当したときには、毎月の音楽朝会の歌の選曲にずいぶんと悩みました。だからこそ、子どもたちが楽しんで歌える歌、安心してのびのびと歌える歌、気持ちを込めて歌える歌、学年を超えてみんなで歌える歌をつくりたいと思っていました。この曲集に収めた曲は、そういう思いの中でつくった曲ばかりなので、どれもそれほど無理なく歌えるものだと思います。必ずしも２部合唱でなくても、時には斉唱で楽しんでもらってもいいと思っています。この曲集の中に、子どもたちや指導されている先生方のお役に立てる曲があったなら、本当にうれしいです。

そして最後に、私に力をくれた、今まで出会った子どもたちみんなに、ここに収めた曲を通して、心からのありがとうを伝えたいと思います。

2016年秋　栂野知子

小学生のためのソングブック
明日へつなぐもの

梅野知子 作詞・作曲

目次
contents

音楽之友社
ONGAKU NO TOMO EDITION

レッツゴー! あしたへ

（斉唱・二部合唱）

17
て を つ な ぎ ー さ あ す す も う よ ー み ん
こ ろ ん で も ー さ あ た ち あ が れ ー み ん
21
な で い け ば ほ ら ー へ ーっ ちゃ ら さ ー
な の ゆ め を ほ ら ー お い か け ろ ー
25
(div.)
く や し な ー み だ な が し な ー が ら ケ ン カ を し て も ー
ほ ん の ちょ ーっ ぴ り べ ー ん きょ ー う は に が て だ け れ ど ー
29
あ く しゅ を ー し た そ の と き ー か ら な ー か ま さ ー
ち か ら あ ー わ せ が ん ば ろ ー う よ ま た きょ う も ー

33
f
1. (unis.)
ぼ　くらー (いち　くみー)
ぼ　くらー (いち　くみー)
さあ　いこ　う　ー
1.
f
37
2. (unis.)
(div.)
さあ　いこ　う　ー
す　すめー (いち
2.
mf
41
(unis.)
く　み　ー)
レッツ　ゴー！ あ　し　た　へ　ー
44
poco rit.
ー
poco rit.
3

レッツゴー！ あしたへ

栂野知子

1. どんな時も　友だちだから
いっしょに歌おうよ　元気よく
手をつなぎ　さあ進もうよ
みんなで行けばほら　へっちゃらさ
くやし涙　流しながら　ケンカをしても
握手をした　その時から　仲間さ
ぼくら（1組）さあ行こう！

2. どんな時も　友だちだから
いっしょに走ろうよ　風切って
ころんでも　さあ立ちあがれ
みんなの夢をほら　追いかけろ
ほんのちょっぴり　勉強は　苦手だけれど
力合わせ　がんばろうよ　また今日も
ぼくら（1組）さあ行こう！

進め（1組）レッツゴー！　あしたへ

＊（　）は、自由に変えてください。

レッツゴー！ あしたへ

この曲は，一日を元気よく始めたいなと思ったときに，クラスの子どもたちと朝の会に笑顔で歌える歌をと思ってつくったものです。私の場合，新しいクラスになった3年生の初めによく歌わせていました。子どもたちにもウケがよく，テンポが速めのわりにはすぐに覚えられます。美しい声でというよりは，明るく元気よく，景気づけに歌ってもらえればと思っています。

23小節目の「へっちゃらさ」の「さ」の音はかなり低いので，地声であまり気張りすぎないようにしましょう。25小節目からの「くやしなみだ　ながしながら」の部分は，シンコペーションを強調して歌うと，リズムにのりやすいと思います。33小節目の「ぼくら」の「ぼ」は音が高く飛ぶので歌い方が難しいかと思います。「なかまさー」とのばしながら，次の音を目指して大きく飛んでみる気持ちでと言うと，子どもたちは比較的きれいな声で歌えるようです。曲の最後の「レッツゴー！」は元気よく，特に音程は必要ありません。「ゴー！」で拳を高く突き上げるしぐさをつけてみようと言うと，子どもたちは大喜びでやっていました。

「1くみ」と歌う部分は，クラス・学年・学校名などを自由にあてはめてください。「2くみ」のように3文字になる場合には，リズムや音の動きを少し変えたほうが歌いやすくなるかもしれません。学校名などで5文字になる場合なども，前の小節の4拍目の裏にアウフタクトをつけると歌いやすくなるでしょう。あてはめる言葉に応じてアレンジしてみてください。子どもたちの元気な笑顔を大切にしたいとき，クラスや学年で一つになりたいときなど，学校生活の何かの場面でこの歌がお役に立てればうれしいです。

ぼくの太陽

（二部合唱）

栂野知子 作詞
作曲

14
で あ い を つ み か さ ね な が ら ど れ
き も ち を ぬ り か さ ね な が ら ど れ
17
だ け お お き く な れ ー た か ー
だ け や さ し く な れ ー た か ー
20
B
な め の ま え の こ と に む ちゅ う だ ーっ た ち
な じ ぶ ん の こ と で い ーっ ぱ い だ ーっ た ち
B
23
mf
い さ な ぼ く だ け ど み ま も ら れ て き た
い さ な ぼ く だ け ど だ れ か を お も う き
mf

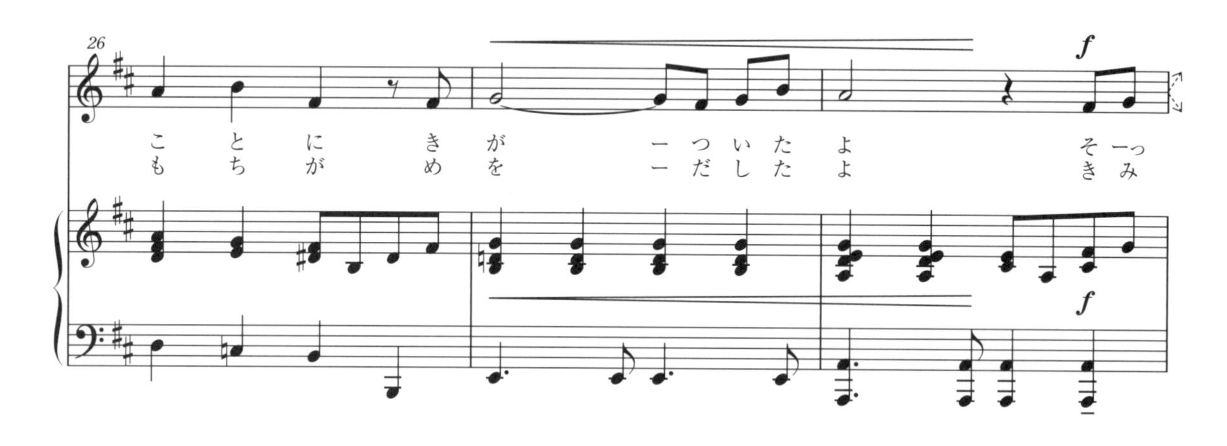
26
f
こときがーついたよ
そーっ
もちがめをーだしたよ
きみ
f

C
29
I
とささえてくれたきみにとどけた
がそだててくれたたいせつなつぼ
II
とささえてくれたきみにとどけた
がそだててくれたたいせつなつぼ
C

32
mf
いかかえきれないほどのあ
みいつかおおきなはなをあさ
mf
いかかえきれないほどのあ
みいつかおおきなはなをあさ

1.
りがとうのきもち
かせてみせるか
りがとうのきもち
かせてみせるか
mf
mp
2.
ら
ら
D
unis. 少しゆっくり (♩=82ぐらい)
rit.
きみはぼくをてらしてくれるたいよう

ぼくの太陽

栂野知子

1. 君が見せてくれた　いくつもの場面
すべてがつながって　ここまでの道になった
たくさんの出会いを　つみ重ねながら
どれだけ大きくなれたかな
目の前のことに夢中だった　小さなぼくだけど
見守られてきたことに　気がついたよ
そっと支えてくれた　君にとどけたい
抱えきれないほどの　ありがとうの気持ち

2. 君が教えてくれた　いくつもの言葉
体にしみこんで　胸の中で生きている
たくさんの気持ちを　ぬり重ねながら
どれだけやさしくなれたかな
自分のことでいっぱいだった　小さなぼくだけど
だれかを思う気持ちが　芽を出したよ
君が育ててくれた　大切なつぼみ
いつか大きな花を　咲かせてみせるから

君は　ぼくを照らしてくれる太陽

ぼくの太陽

太陽は，私たちにとって生きていくために欠かせない大切な存在です。暑い日にはその日射しを避けながら，寒い日や雨の日には降りそそぐ光を求めるという身勝手な私たちを，いつも変わらず照らし続けてくれます。

人は一人で生きていけるわけではありません。きっと誰にでも，太陽のようにいつも見守ってくれている存在がいるはずです。それは，家族であったり，顔見知りの地域の人であったり，学校の先生やチームのコーチであったり，先輩や友だちであったりと，人それぞれでしょう。ただ，私たちにとって「いつも」というのは，ややもすると「当たり前のこと」になってしまいがちで，助けてもらったり何かをしてもらうことが当然という錯覚に陥り，いつの間にかその存在の大切さを忘れて甘えてしまっていたりします。

時々立ち止まって自分を振り返り，大切な人たちへの感謝の気持ちを胸に刻んでから，また進んでいけたらいいですよね。

この曲はやさしい2部合唱にしてありますが，Ｉパートのみの斉唱でもいいかと思います。元気に歌うというよりは，思いをのせて言葉を伝えることに重点を置いてみてください。

また，歌詞の内容や曲想を考えて歌に表情をつけてみましょう。たとえば，20小節4拍目からのフレーズはこれまでの「ぼく」を，24小節4拍目からは今日からの「ぼく」を歌っています。強弱の変化や声の明るさを工夫して，違いを表現してみてください。

中学年で歌い方を成長させたいときに，取り組んでみてもらえたらと思います。

おはようのエール
（斉唱）

栂野知子 作詞
作曲
♩=126 ぐらい
Piano
mf
A
（2回目は小音符）
ね むた いあ さで も ー
だ れで もな んで も ー
みん な にあ え ば ー
は じ め か ら ー
simile
げ んき がわ いて く る か ら きょう も え が お で
う まく いく わけじゃ な い さ だか ら あ せ ら ず
おはよう ー
いこう ー

➡歌詞・解説 19 ページ

17
みんな のパ ワー をー もら ーったらー
ゆっくり でもい いー ひと つずつー
21
にがてなこ ともなんだか のりこえ られそうー
できること ふえていけば ゴール はおなじさー
※３回目は手拍子を入れてもよい
B
26
f
わ らーってお こーって まいに ちいろいろ あ るけどー どん
ま よーってな やんで くやし いおもいも す るけどー ゆめ
わ らーってお こーって まいに ちいろいろ あ るけどー がん
30
な じぶんだ ーってー がん ばって いれ ばいいー
は にげない からー いつ かはお いつけるさー
ば ってるき みをー だれ かがみ ているからー

ひ とつ やふ たつ の し っぱ いな んか で く ー じけ ずに ー さ あ
と おま わり だーって わ るい こと ばか りじゃ ー ない か ら ー ほ ら
ひ とり じゃな い こ と わ すれ ずに いれ ば だ ー いじょ う ぶ ー さ あ
to 𝄌
か お をあ げ て あ た ら し い ー あ さー がき た
む ね をは ーって み あげ れ ば ー ひ ろー いそ ら
か お をあ げ て あ た ら し い ー あ さー がき た
to 𝄌
1.
2.
1.
2.
mf
D.S.
D.S.
𝄌 Coda
𝄌 Coda

NO COPY
またあした
（斉唱）
栂野知子 作詞 作曲
♩= 112ぐらい
Piano
mp
ゆうやけぞらにー
まちのあかりがーー
ほしをむすんでー
ながいかげがとけていくー
ひとつふたつゆれているーー
よぞらはひろいキャンバスー

21
きょうのよろこびー
きょうのかなしみー
あしたのゆめをー
25
むねにともそうー
かぜにながそうー
おもいえがこうー
29
poco rit.
a tempo
ちいさなひかりがきぼうにかわる
なみだのあめでもやがてははれる
ゆめみるかずだけおおきくなれる
8va
33
mf
みんな
げんきで
ありがとう
おやすみ
またあした

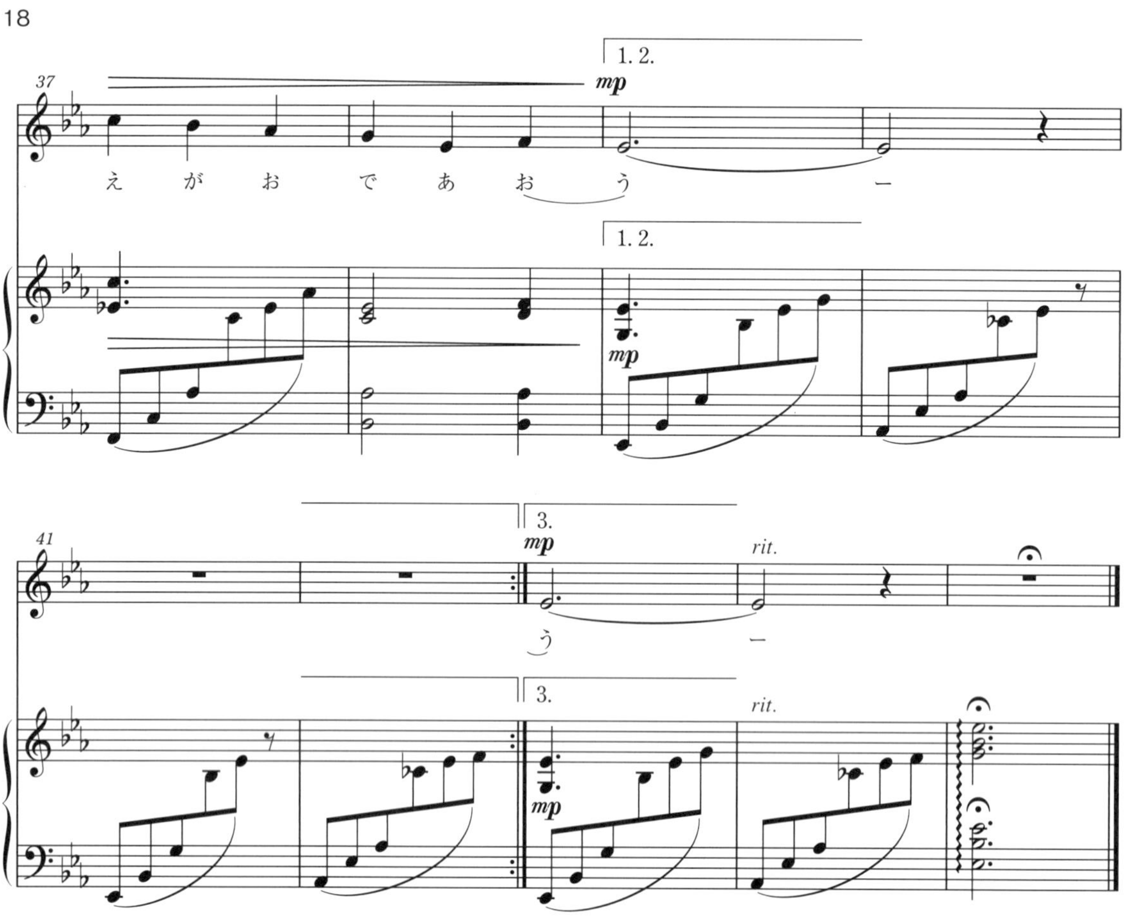

またあした

梅野知子

夕焼け空に　長い影が溶けていく
今日の喜び　胸に灯そう
小さな光が　希望に変わる
みんな元気で　またあした
笑顔で会おう

街の灯りが　一つ二つゆれている
今日の悲しみ　風に流そう
涙の雨でも　やがては晴れる
みんなありがとう　またあした
笑顔で会おう

星を結んで　夜空は広いキャンバス
あしたの夢を　思い描こう
夢見る数だけ　大きくなれる
みんなおやすみ　またあした
笑顔で会おう

おはようのエール

桝野知子

ねむたい朝でも　みんなに会えば
元気がわいてくるから　今日も笑顔でおはよう
みんなのパワーをもらったら
苦手なことも　なんだか乗りこえられそう

笑って　怒って　毎日いろいろあるけど
どんな自分だって　がんばっていればいい
ひとつやふたつの失敗なんかでくじけずに
さあ顔を上げて　新しい朝が来た！

だれでもなんでも　はじめから
うまくいくわけじゃないさ　だからあせらず行こう
ゆっくりでもいい　ひとつずつ
できることふえていけば　ゴールは同じさ

迷って　なやんで　くやしい思いもするけど
夢は逃げないから　いつかは追いつけるさ
遠回りだって悪いことばかりじゃないから
ほら胸をはって　見上げれば広い空

笑って　怒って　毎日いろいろあるけど
がんばってる君を　だれかが見ているから
ひとりじゃないこと忘れずにいればだいじょうぶ
さあ顔を上げて　新しい朝が来た！

おはようのエール

朝から子どもたちの元気な声が響く。それが，学校という場所の素晴らしさだと思っています。私も何度となく，その無邪気な声に助けられたことがありました。

誰かにとっては楽しい一日の始まりでも，別の誰かにとっては気が重い一日の始まりかもしれない。だからこそ，たくさんの仲間といることに意味があり，お互いに励まし合ったり応援したりすることができるのだと思います。仲間と過ごす時間が元気の源になるような時間であってほしい。そんな願いを込めてつくった曲です。子どもなりに，それぞれ悩みや心配事があるもの。そんなときに「みんな」の歌の力で，新しい一日が前向きな一日になってくれたらと思います。

低学年の場合，歌いやすい音域をとにかく元気に歌ってしまいがちですが，力の配分を考えて歌うことに気づかせてあげてください。この曲の場合は，🅱(26小節)からがサビになります。音が高めになる32・36・39〜40小節あたりで音が薄くならないようにしましょう。また，26小節からと34小節からのフレーズはやや長めなので，言葉の途中でフレーズが切れてしまわないように，たっぷり息を吸って歌うことを心がけてください。

全体的には付点のリズムが重くならないように，ビートを感じながら歌いましょう。伴奏も，歌をのせるような歯切れのよい演奏を大切にしましょう。*D.S.*の後は，サビの部分の繰り返しで歌がパワーダウンしないように，手拍子を入れて盛り上げてみるのも効果的だと思います。

お互いにエールを送るつもりで，一日の始まりにみんなで元気よく歌ってみてください。

またあした

たくさんの子どもたちが集まっていると，毎日の喜怒哀楽に事欠くことはありません。そんな中でも，一日の終わりにみんなで歌を歌って，笑顔で「さよなら，またあした」と言えたらいいなと思い，この曲をつくりました。元気よくというよりは，みんなの気持ちを溶け合わせるようなつもりで，ゆったりと歌ってみてください。

夕暮れ時というのは，寂しいようでほっとするような不思議な時間です。一日の出来事を落ち着いて振り返ることができるように，時がゆっくりと流れてくれているような気にもなります。そんなやさしい時間を，曲の中では順を追って表現してみました。1番は下校時間の頃，2番は黄昏(たそがれ)時，3番は少し時間が経っておやすみの時間になります。歌うシチュエーションに応じて，帰りの会では1番のみ，宿泊行事の就寝前などでは3番のみなどと，子どもたちの生活に即した歌い方をしてもらえればいいと思っています。

歌うときには，1音1音がとがらないように，4小節ずつが一つのフレーズになっていることを意識しながら，3拍子の流れにのって歌いましょう。特に，13小節・21小節は旋律の上下で音に強弱がついてしまわないように，フレーズの頭の言葉を大切にしましょう。

ピアノ伴奏は，分散和音がレガートで流れるようにペダルをうまく使いながら演奏してください。楽譜には特に記していませんが，歌がのばしている間の動きは，ダイナミックスの変化を少しつけながら，次のフレーズへと歌を導くつもりで演奏するとよいと思います。

今日一日への感謝の気持ちと明日への希望を胸に，笑顔で歌いましょう。

はじまりの気持ち

（二部合唱）

栂野知子 作詞
作曲

C
17
I
II
らし いせかい をみつけた
ろの いろぬり かえられた
あの はじ まりのひ の ように
mf
あたらしいせ かいを ーみつけ た
こころのいろ ぬりか ーえられ た
はじまりのひ の ように ー
C
mf
21
f
1.
こわがらず とび こんだなら あし たは ひろがるかな
あたらしい じぶ んかさねて あし たを かえていこ
f
こ わ がらずとびこんだなら あし たは ひろがるかな
あ た らしいじぶんかさねて あし たを かえていこ
1.
f
25
2.
う
はじ
う
2.

D
29
まり　であしぶ　みしたなら　あのと　き　めきおも
はじまりであしぶみ　ーしたな　ら　ときめきおも
D
32
い　だして　ほうけんの　さき　にはきーっと　かが
い　だして　ー　ほう　けんのさき　にはきーっと　かが
35
やく　あしたがある
rit.
やく　あしたがある
rit.
dim.
mf

はじまりの気持ち

栂野知子

1. ねえ　君はおぼえているかい
初めて言葉かわした日
君が笑ってくれたから
ぼくも勇気出せたんだ
心配なんて笑い飛ばせるほど
うれしくてたまらなかった
新しい世界を見つけた
あの始まりの日のように
こわがらず飛びこんだなら
明日(あした)は広がるかな

2. ねえ　君はおぼえているかい
初めて胸がいたんだ日
君が涙こらえたから
ぼくも歯をくいしばれた
見えない気持ち考え始めたら
大切なものが増えたんだ
心の色ぬりかえられた
あの始まりの日のように
新しい自分重ねて
明日を変えていこう

始まりで足踏みしたなら
あのときめき思い出して
冒険の先にはきっと
かがやく明日がある

はじまりの気持ち

子どもたちの毎日には「初めて」の体験がいっぱいで，ワクワク感やドキドキ感があふれています。ただ残念なことに，「初めて」が日常になってしまうとそんな感情も薄れてしまい，なんとなくやり過ごしてしまうことも少なくありません。そんなときにふと初心を思い出すと，また新鮮な気持ちでスタートが切れたりします。それぞれの記憶の中にある「はじまりの気持ち」を大切にしてほしくて，この曲をつくりました。

1番は新しい仲間との出会いを歌っています。出会いには不安や緊張がつきものですが，ちょっとしたことがきっかけでそんな感情も楽しみや喜びに変わっていくものです。一つの出会いから，想像もしなかった世界が広がっていくこともあるでしょう。新しい世界の始まりを明るい気持ちで歌いましょう。

2番は新しく芽生えた気持ちを歌っています。自分中心の考え方から，周りのことも考え，人の痛みを感じられるようになったときに，人とのつながりは強くなるものだと思います。自分の心の中に人を思う気持ちをゆっくりと育てていくようなイメージで，あたたかい声で歌いましょう。

全体的にはレガートでの表現を意識してください。特に歌い始めの「ねえ」という問いかけは，やさしく声をかけるつもりでふんわりと歌いましょう。

17小節のサビの部分から2部になります。ソプラノは2小節ずつ気持ちを高揚させていくつもりで，アルトはソプラノの支えというよりはもう一つの旋律として，音の動きを楽しみながら歌ってみてください。

この曲を，皆さんのお気に入りのレパートリーに加えてもらえたらうれしいです。

時のおくりもの

（二部合唱）

栂野知子 作詞 作曲

B
15
わたしたちが
もらーったものを つ
つくーったもので あ
B
19
まらないあやまちで うしないたくはないから
たたかなあのえがお あふれていてほしいから
C
div.
23
mf
しあわせかみしめて
ぐうぜんかんしゃして
いま ここにいる
しあわせをかみしめて
ぐうぜんにかんしゃして
かけ
C
mf
かけがえのない
たからもの
おくりもの
27
がえのない
たからもの まもり ぬいていこう
おくりもの みらい へとどけよ
1.
unis. mp
みあ
1.
dim.
mp

時のおくりもの

梅野知子

青い空　緑の山　輝く水面（みなも）　渡る風
命あるすべてのものが　愛（いと）しくなる日だまり
私たちがもらったものを
つまらない過（あやま）ちで　失いたくはないから
今ここにいる幸せをかみしめて
かけがえのないたからもの　守りぬいていこう

見上げれば一番星　心がなごむ帰り道
ゆるやかに流れる時を　包みこむ夕暮れ
私たちがつくったもので
あたたかなあの笑顔　あふれていいてほしいから
今ここにいる偶然に感謝して
かけがえのないおくりもの　未来へとどけよう

時のおくりもの

以前，広島市に住んでいたことがあります。住むまでは，「ヒロシマ」という表記を目にすることの多い，特別な印象をもっていた場所でした。しかし住んでみると自然が豊かで，地元に根ざした産業も多く，人々の郷土愛を強く感じさせられる場所でした。そんなある日，川沿いの道を自転車で走りながら，ふと思ったのです。戦後しばらくは緑が生えないといわれた地に木々が生い茂り，惨劇の日に人々が水を求めて飛びこんだという川も，今は澄んで静かに流れている。こんなに穏やかな日々にたどりつくまでに，この地の人々はどれだけの苦難を乗り越えてきたのだろうと。そう思うと，与えられた環境を当たり前のように暮らしている我が身を振り返らずにはいられませんでした。そして，自分にできることは何かと思い，手がけたのがこの曲です。

今を生きる私たちの多くは，大変な時代のすさまじい苦しみや悲しみを，身をもって知っているわけではありません。だからこそ，今に至るまでの道をつくってきてくれた人々に心からの感謝と尊敬の念をもたなくてはいけないし，ここから先は私たちが責任をもって未来へつないでいかなくてはならないのだと思います。子どもたちが，この歌を歌いながらそういう思いを少しでも抱いてくれたら，そして，自分たちも時代をつないでいく担い手であることに気づいてくれたらという願いを込めてつくりました。

2部の部分は，ほぼアルトが主旋律です。音域が低く響きにくい箇所もあるので，バランスよくパート分けをしてください。

それぞれの思いを込めて，やわらかく，あたたかく，そして芯の強さのある生きた歌にしてもらえたらと思います。

Change!

桙野知子

1. 朝が来たらいつも通り　くり返す毎日
同じ景色の中　僕の心はどこにある？
「どうせ…」なんて台詞(せりふ)ばかり　言い訳にしながら
居心地の悪さを　感じ始めているのに

気にしないふりをして　今日もまた笑ってみるけど
抱えてる弱気な言葉　どこかに全部捨てたくて

大きな空に向かって　思いっきり叫んでみよう
曇った心　吹き飛ばしたなら
もう一度　走り出そう

2. 誰に合わせ　誰を真似(まね)て　自分を飾ろうか
流行(はやり)を手に入れて　楽しく過ごしているけど
いつもどこか気分次第　流されてるだけで
自分の気持ちさえ　見えなくなりかけていた

何ひとつ変わらずに　時間だけがただ過ぎていく
忘れてた大切なもの　この手に取り戻したくて

大きな空に向かって　思いっきり叫んでみた
昨日と違う明日(あした)を迎えに
もう一度　走り出そう

大きな空に向かって　拳を突き上げてみた
明日が少し待ち遠しくなる　あの気持ち思い出して
もう一度　走り出そう

Change!

歌いながら，気持ちが明るく前向きになるような曲があったらいいなと思い，この曲をつくりました。

今の子どもたちには，限られた人間関係の中で変わりたくても変われないとか，いろいろ考えると面倒だったり自信がなかったりで，頭ではわかっていても何も始められないという状況が多く見受けられます。問題が起こらない程度に無難に過ごせればいいと思いつつ，どこかでそんな生活をふっ切りたいとも思っている。そういう子どもたちが，この曲を通して何かが変わるきっかけをつかんでくれればと思っています。

合唱もピアノ伴奏も，ビートを感じながらリズムにのって演奏してください。ピアノの前奏・間奏は，スタッカートとアクセントを意識して歯切れよく弾いてもらえると，歌も気持ちよく入れると思います。

Ⓐの部分の歌はビートをきっちり刻みながら重たくならないように，Ⓑの部分はくすぶった気持ちが決意に変化していく様子を，ユニゾンの*cresc.*を使って表現してみましょう。

サビの歌詞が，はじめは挑戦段階で「叫んでみよう」，2回目は少しチャレンジして「叫んでみた」，そして3回目は力強く「拳を突き上げてみた」と変化していきます。同じフレーズをただ繰り返すだけでなく，歌詞に合わせて高揚感のある表現にしていってください。

曲の最後は，明日に向かってエネルギーをぶつけるつもりで「la」に全員の思いをのせましょう。最後の音を減衰させることなくのばした後，スパッと切って終わってください。タイトルにつけた「！」をイメージしてもらえるとよいと思います。ぜひ，皆さんで歌いながら盛り上がってください！

Change!

（二部合唱）

栂野知子 作詞
作曲

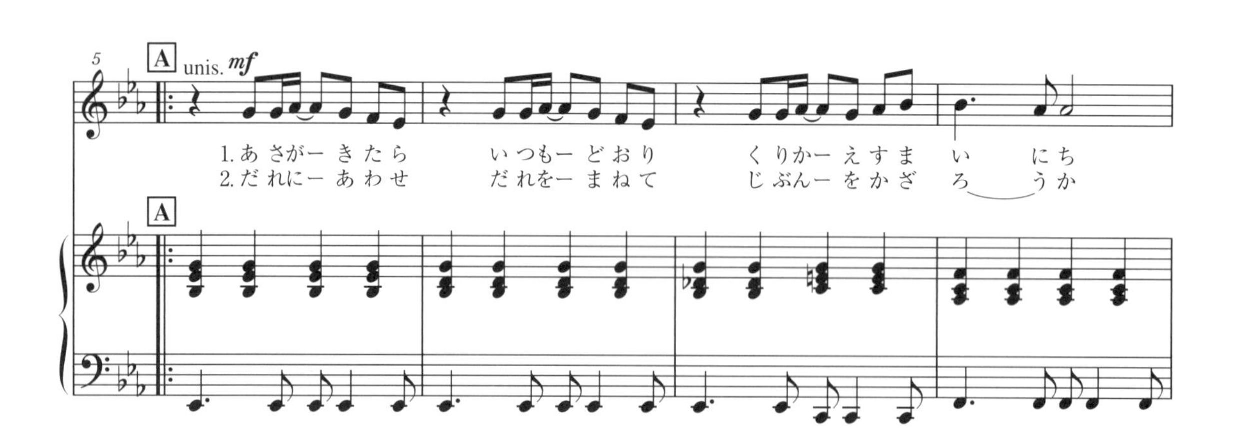

13
どうせーなんて せりふーばかり いいわーけにし な がら
いつもーどこか きぶんーしだい ながさーれてる だ けで
17
div. I
II
mp
いごこーちのわ る さ を かん じはじめているの に きにしない
じぶんーのきも ち さ え みえ なくなりかけてい た なにひとつ
B
21
p
き に し な い ふ り し て
な に ひ と つ か わ ら ず
uh
ー ふりをして ー きょうもま たわらーってみるけ ど かかえてる
ー かわらずに ー じかんだ けがただすぎてい く わすれてた
B
mp
25
mp
よ わ き な こ と ば
た い せ つ な も の
mf
cresc.
f
ー よわきな こ と ば ど こかにーぜんぶすて た く て おお
ー たいせつ な も の こ のてにーとりもどし た く て
mf cresc.

29
C
きなそらにーむかーって
おも いっきりさけんでみ よう くもーった
おも いっきりさけんでみ た きのうと
C
f
33
1.
こころーふきとばし た な ら もう いちどーはしりだそう ー
ちがうーあしたをむ か え に もう
1.
mf
37
2.
いちどーはしりだそう
2.
41
più f
D
ー おお きなそらにーむかーって こぶ しをつきあげてみ
D
più f

45
た　あしたが　すこしーまちどおし　く　な　る　あの　きもちーおもいだし
※小音符は省いてもよい
49
ff
て　もう　いちどーはしりだそう　ー　la　la　la　la
ff

小さな勇気

（二部合唱）

NO COPY
梅野知子 作詞
作曲
♩= 88 ~ 92
I
II
Piano
mp
* ＜ は１回目のみ
A
unis.
mp
1. な　がれるーときの　な　かで
2. め　にみえーないか　ら　こそ
（２番は小音符）
つ　みかさーねてき　た　ーものー　こ　わしてー　し　ま　うのはー　と
た　いせつーにして　き　たものー　き　ず　つけてー　し　ま　うのはー　ほ
てもかん　たんだけど　ー　す　こしのーがまん　がーひと　を
んのい　ーっしゅんだけど　ー　す　こしのーやさし　さがひと　を

（２番は小音符）
え　がおにかえ　られるー　それを　しー　ってい　る　ことがー　ぼ
え　がおにかえ　られるー　それを　つたえてい　く　ことがー　ぼ
わけあ　い　つなぎ　あ　いー　か
とどけ　て　うけと　め　てー　お
div.
くらのほこりなんだ　ー　わけあい　つなぎ　あい　か
くらのやくめなんだ　ー　とどけて　うけと　めて　お
（２番は小音符）
unis.
div.
そん　なまいにちーがあた　ら　し　い
ん　じーてうご　く　ー　ー
もいをーよせあ　う　ー　ー
uh
あし
たを　つれてくる　ーからー
このむ　ね　のなかー　いまは

ちいさな　ゆうきだけどー　いつかだれ　かを
ー　ちいさな　ゆうきだけど　だれかを
1. ささ
2. あい
3. まも
つよくー　ー
to
1.
えるためーに
せるようーに
れるようーに
つよくー　ー　なーって　みせる　ー
mf
2.
ー　このむ
D.S.
Coda
rit. molto
unis.
mf
ー　そし
D
Meno mosso（♩= 74 くらい）
div.
rit.
てぼくらを　まもーってくれーる　ゆうきにーいまありがとう
mf

小さな勇気

栂野知子

1. 流れる時の中で　積み重ねてきたもの
壊してしまうのは　とても簡単だけど
少しの我慢が　人を笑顔に変えられる
それを知っていることが　僕らの誇りなんだ

わけ合い　つなぎ合い　感じて動く
そんな毎日が　新しい明日をつれてくるから

この胸の中　今は小さな勇気だけど
いつか誰かを支えるために　強くなってみせる

2. 目に見えないからこそ　大切にしてきたもの
傷つけてしまうのは　ほんの一瞬だけど
少しのやさしさが　人を笑顔に変えられる
それを伝えていくことが　僕らの役目なんだ

届けて　受け止めて　思いを寄せ合う
そんな毎日が　新しい明日をつれてくるから

この胸の中　今は小さな勇気だけど
いつか誰かを愛せるように　強くなってみせる

この胸の中　今は小さな勇気だけど
いつか誰かを守れるように　強くなってみせる

そして　僕らを守ってくれる勇気に　今ありがとう

小さな勇気

2011年の東日本大震災後，子どもたちの口から「人のためになるような仕事がしたい」「誰かを助けられるくらい強くなりたい」ということをよく耳にするようになりました。懸命に生きている人々の姿を目の当たりにして，物事に対する価値観が変わってきたのでしょう。そんな彼らの思いを後押ししたいという気持ちから，この曲をつくろうと思い立ちました。

震災の日，帰宅難民となった私が翌日駅で見たのは，大勢の人々がいつ来るかわからない電車を，誰一人文句を言うこともなく，むしろお互いを気遣いながら待っている光景でした。そのときになぜか胸が熱くなり，涙がこみあげてきました。そして，今の私たちの生活があるのは，この国が目に見えない精神や秩序というものを大切にしてきたからだと，あの日を境に強く思うようになりました。

秩序ある社会というものは，一見窮屈そうに見えながらも，どんなに幸せをもたらしてくれるものか。争いの絶えない国や地域もある中で，この国で生活をして，それを知っているということが何よりの誇りだと思うのです。

先人たちが築き上げてきた平和な社会の中で安穏と暮らしているだけでなく，未来のために受け継いでいくべきものがあることを子どもたちには忘れないでいてほしいと思います。この曲にはそんな願いも込めました。

歌い出しのユニゾン部分は，そういった歌詞の意味を考えながらじっくりと歌ってみてください。

毎日の小さな思いの積み重ねが，やがて大きな力となって新しい明日をつくる。21小節からはクレシェンドを意識しながら，そういった気持ちの広がりを，続く30小節からは決意の気持ちを表現してみてください。

曲の最後は「今」という言葉がぶつ切れにならないように*rit.*にかけて丁寧に，「ありがとう」はハーモニーに思いをのせましょう。

子どもたちにとっては，学校が一つの社会です。まずはそこから，小さな勇気を育てていってほしいと思います。

ありがとうの約束

（二部合唱）

栂野知子 作詞
作曲

※（　）は２番
13
soli
(2.) い き さ き ま よ ーっ て は ぐ れ か け た と き ー さ し
unis.
（２番は小音符）
(1.) い た ー こ こ ろ に こ と ば が し み こ ん で じ ぶ
(2.) さ き ー ま よ ーっ て は ぐ れ か け た と き さ し

17
の べ て く れ た て を に ぎ り し め て い た
ん を と り も ど せ た お だ や か な じ か ん
の べ て く れ た て を に ぎ り し め て い た

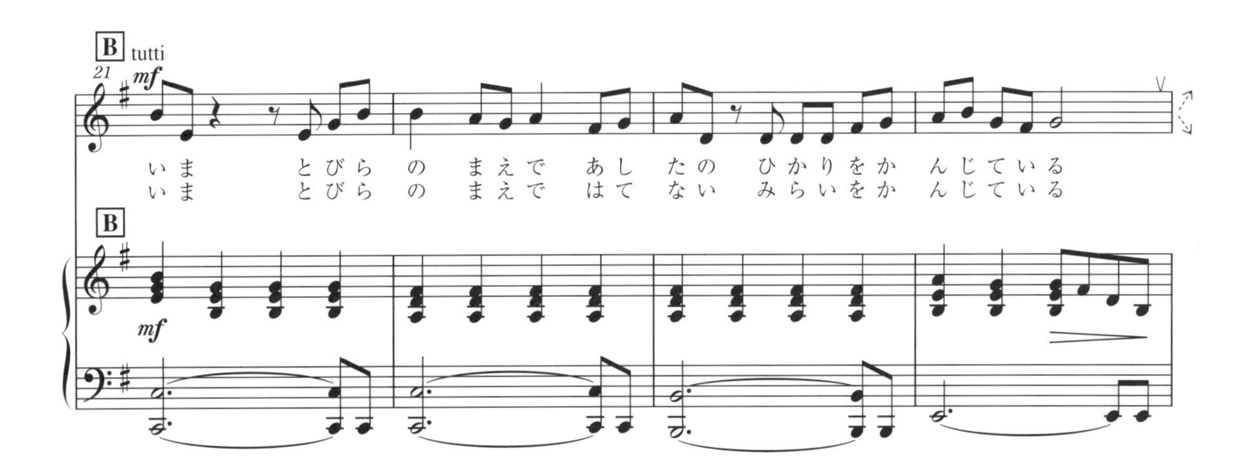
B
tutti
21
mf
い ま と び ら の ま え で あ し た の ひ か り を か ん じ て い る
い ま と び ら の ま え で は て な い み ら い を か ん じ て い る
B
mf

25
mp
poco a poco cresc.
f
I
II
あのひーかたりあーった　ゆめをいつ　か　ーこのて　に　くじけ
よわきーなじぶんには　もうまけたく　ーないんだ　くじけ
あのひーかたりあーった　ゆめをいつ　か　ーこのて　に　くじけ
よわきーなじぶんには　もうまけたく　ーないんだ　くじけ
29
C
そうになーってもきみがいたから　ここまでーたどりつけ　た　んだ　あり
そうになーってもきみがいたから　ここまでーたどりつけ　た　んだ　ひと
そうになーってもきみがいたから　ここまでーたどりつけ　た　んだ
そうになーってもきみがいたから　ここまでーたどりつけ　た　んだ
33
1.
poco rit.
がとう　のかわりに　やくそくするよーきみ　のこと　わすれない
りじゃ　ないことに　なみだあふれたーあの　ときを　わす
（２番は小音符）
あ　り　が　とう　やくそくするよー　きみのことわすれない
ひ　と　りじゃない　なみだあふれたー　あのときをわす

37
a tempo
2.
れない
れない
mp
41
piùf
D
くじけ そうになーってもきみ がいたから こ こまでー たどりつけ
くじけ そうになーってもきみ がいたから こ こまでー たどりつけ
45
たんだ ありがとう のかわりに やくそくするよー きみ のこと わす
たんだ ありがとう やくそくするよー きみのことわす

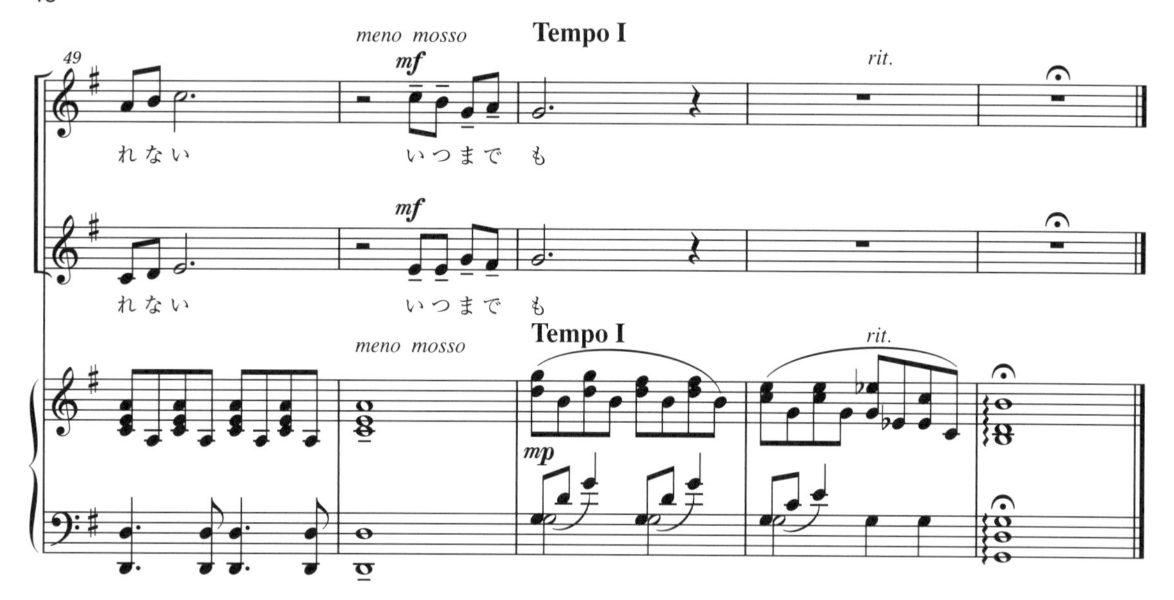
49
meno mosso
Tempo I
rit.
mf
れない
いつまでも
mf
れない
いつまでも
meno mosso
Tempo I
rit.
mp

ありがとうの約束

栂野知子

1.
街の彩りが　移りゆく中で
同じ時を刻んだ　ぼくらがここにいる

乾いた心に　言葉がしみこんで
自分を取りもどせた　おだやかな時間

今　扉の前で　明日(あした)の光を感じている
あの日語り合った　夢をいつかこの手に

くじけそうになっても君がいたから
ここまでたどり着けたんだ
ありがとうのかわりに約束するよ
君のこと　忘れない

2.
何度すれちがい　つまずいただろう
同じ道を歩いた　ぼくらがここにいる

行き先迷って　はぐれかけた時
さしのべてくれた手を　にぎりしめていた

今　扉の前で　果てない未来を感じている
弱気な自分には　もう負けたくないんだ

くじけそうになっても君がいたから
ここまでたどり着けたんだ
ひとりじゃないことに涙あふれた
あの時を　忘れない

くじけそうになっても君がいたから
ここまでたどり着けたんだ
ありがとうのかわりに約束するよ
君のこと　忘れない　いつまでも

ありがとうの約束

この曲は，日常の生活の中で子どもたちが感じる「ありがとう」を大切にしてほしくてつくりました。たとえば学校生活でも，グループ学習をする中で助け合ったり，運動会や学芸会の練習をする中で教え合ったり，苦手なことを練習するのにつきあってくれる友だちがいたりと，仲間に「ありがとう」と思う瞬間がそれぞれにあると思います。

自分一人では成し得なかったことを達成できたときの喜びというのは，人生を豊かにしてくれると同時に，相手を思う気持ちを育ててくれるものです。いつもそばにいてくれる友だちに，ただ「ありがとう」と言って終わってしまうのではなく，「ありがとう」と思う相手のことを大切にし，感謝の気持ちを忘れない人間になってほしいと思います。そして，その相手のために自分にできることが何かを考えていく中で，人と人との絆ができあがっていくのだということに気づいてくれたらと願いつつ，歌詞を書きました。

曲の前半は語るようにレガートで柔らかく，21小節からは前向きな気持ちを表すつもりでダイナミックスが小さい中でもはっきりと，28小節からのサビの部分は相手に気持ちを届けるつもりで伸びやかに歌いましょう。

「わすれない」の表現について，1回目（36小節）と2回目（40小節）で変えてあります。3拍分ののばし方の違いを意識して歌ってみてください。

2回目の13小節からは，主旋律が低めの音域なので上声部をsoliと表記しましたが，響きのバランスによってはソプラノ全員でもかまわないと思います。指導される先生方で調整してみてください。

この曲を通して，「ありがとう」という言葉の深さを考えてもらえたらうれしいです。

明日(あした)へつなぐもの

（二部合唱）

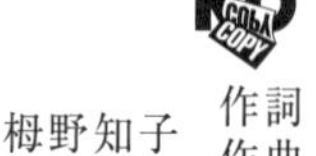

栂野知子　作詞
作曲

17
みのことばーにはげま されてー つよくなれたーじぶん
みのことばーにうごか されてー ひとにやさしーくなれ
20
mf
B
がいたー ともにすごすーじかんは ずーっと
たんだー ともにすごすーじかんは ずーっと
mf
24
つづくーとおもーって た けどー あた らしいーとびら
つづくーとおもーって た けどー あた らしいーみちを
27
div.
f
を あけてー きみは すすんでい くんだねー た
し んじてー きみは すすんでい くんだねー た
f

C
30
び だつー　ー き み の　せ　な かにー　む　ね を はーって ち か う よ　ー　ぼ
C
び だつー　ー き み の　せ　な かにー　む　ね を はーって ち か う よ　ー　ぼ
34
1.
く らにー　ー お し え　て　く れ た こ と　わ　す れ は し なー い から　ー
く らにー　ー の こ し　て　く れ た も の　あ　し た へ つ な げ る から
1.
38
mf
42
unis. mp
2. お お
mp

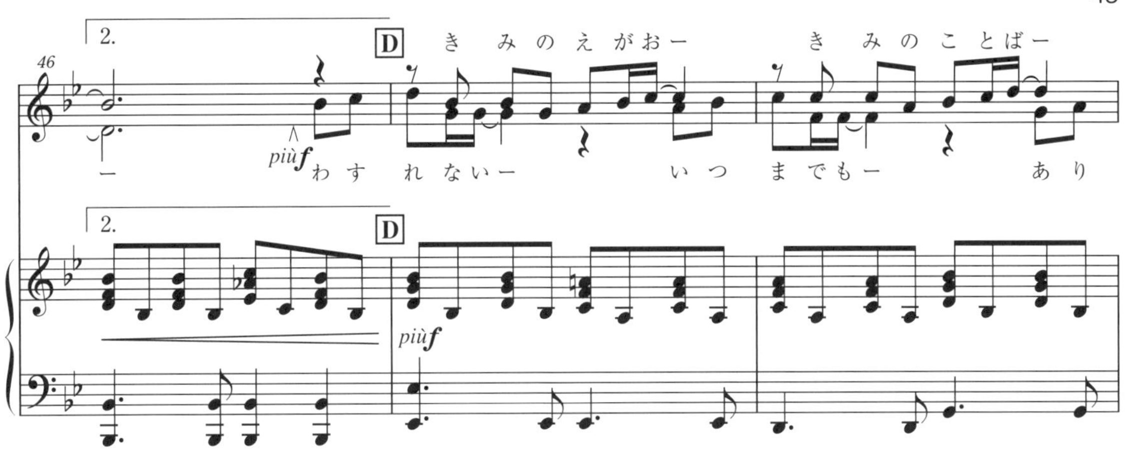
46
2.
D
きみのえがおー　きみのことばー
ー　わすれないー　いつまでもー　あり
più f
2.
D
più f

49
きみのゆうきー　きみのなみだー　きみのおもいー
がとうーきみのゆうきー　わすれないー　いつまでもー　あり

53
ありがとうー　ーきみのすべて
がとうー　ーきみのすべて
rit.
rit.
mf
mp

明日(あした)へつなぐもの

栂野知子

1. 何もわからずに　ただついて行けばいいと
甘えてばかりの日々は　流れるように過ぎ去って

気がつけば季節はめぐり　風の匂いが変わる頃
君の言葉に励まされて　強くなれた自分がいた

共に過ごす時間は　ずっと続くと思ってたけど
新しい扉を開けて　君は進んでいくんだね

旅立つ君の背中に　胸を張って誓(ちか)うよ
僕らに教えてくれたこと　忘れはしないから

2. 大きな後ろ姿に　早く追いつきたくて
夢中で駆(か)け抜けた日々が　今では僕の宝物

気がつけば季節はめぐり　空は青く澄んでいた
君の言葉に動かされて　人にやさしくなれたんだ

共に過ごす時間は　ずっと続くと思ってたけど
新しい道を信じて　君は進んでいくんだね

旅立つ君の背中に　胸を張って誓うよ
僕らに残してくれたもの　明日へつなげるから

忘れない（君の笑顔）　いつまでも（君の言葉）　ありがとう　君の勇気
忘れない（君の涙）　いつまでも（君の思い）　ありがとう　君のすべて

明日へつなぐもの

卒業シーズンに旅立つ側の気持ちを歌う曲が多い中で，見送る側の気持ちを歌にしたいと思いつくった曲です。

2009年，『教育音楽｜中学・高校版』にて混声３部合唱で発表した曲を，同声２部合唱に編曲しました。

さまざまな行事を通して子どもたちが成長していく姿にはいつも驚かされますが，6年生ともなると最高学年としての自覚が芽生えるせいか，頼もしく感じる場面がぐんと増えます。そして，そんな先輩たちの姿を見ながら，いつかは自分もあんな風になりたいと思う下級生たちも少なくないはずです。そういう気持ちが，学校の伝統を引き継いでいくことの原動力となるのでしょう。たくさんのことを教えてくれた先輩たちへの感謝の気持ちと，自分たちがまたそれを伝えていくんだという決意の気持ちを，この曲を通して伝えられたらと思います。

同声２部にするにあたり，4･5年生でも歌いやすいように合唱部分は少なくしました。その分，ユニゾン部分は気持ちを一つにしてしっとりと歌い上げましょう。言葉のあてはめ方が多少難しい箇所もあるので，正しいリズムで歌えるように練習してください。34･35小節の「教えてくれたこと」というフレーズでは，最後の「こと」（2番は「もの」）という言葉がリズムの関係上ぶつ切れになりやすいかと思いますので，テヌート気味で丁寧に歌ってください。最後の「忘れない～」の部分では，笑顔･言葉･涙･思いという言葉の語尾が乱暴にならないように，かといってのばしすぎないように，かけ合いのパートの声をよく聴いて歌いましょう。

一人ひとりの大切な思いをのせて，歌ってみてください。

梅野知子（とがの・ともこ）

profile

千葉大学教育学部中学校教員養成課程音楽科専攻卒業。卒業後、千葉県内で公立中学校教諭として勤務。その後、札幌市での小学校講師を経て、東京都内で再び小・中学校教諭として勤務。大田区立中学校在職中に合唱曲の作曲を手がけるようになる。主な作品に、混声合唱曲『時を越えて』『君と歩こう』（いずれも教育出版平成28年度中学校教科書掲載曲）、『My Own Road～僕が創る明日～』『僕らの奇跡』、同声合唱曲『出会えた君へ』『青空に深呼吸』など。

あとがきにかえて

この曲集の刊行にあたり、これまでお世話になったたくさんの方々に感謝申し上げます。大学在学中に作曲の楽しさを教えてくださり、私の作曲への道を開いてくださった水野修孝先生、教員として未熟な私にいろいろと助言・指導してくださった学校現場の諸先輩方、CDの全曲録音を引き受けてくださった前田美子先生とむさし野ジュニア合唱団「風」の皆さん、スズキ.アーツプランの皆さん、『教育音楽』でお世話になった音楽之友社の岸田雅子さんをはじめ出版部の皆さん、そしてこの曲集を担当してくださった菅井彩子さん。本当にありがとうございました。

小学生のためのソングブック

明日へつなぐもの［範唱＋カラピアノCD付き］

2017年1月5日 第1刷発行

2024年8月31日 第9刷発行

作詞者 梅野知子

作曲者 梅野知子

発行者 時枝 正

発行所 東京都新宿区神楽坂6-30 〒162-8716

株式会社 音楽之友社

電話03(3235)2111(代表)

振替00170-4-1962500

https://www.ongakunotomo.co.jp/

875460

落丁本・乱丁本はお取替えいたします。

Printed in Japan.

表紙・本文(まえがき・目次・奥付)デザイン:古村耀子

表紙イラスト:イズミコ

楽譜制作:(株)ホッタガクフ

印刷:(株)平河工業社

製本:(株)誠幸堂

小学生のためのソングブック
明日へつなぐもの

梄野知子 作詞・作曲
範唱+カラピアノCD付き

［CD収録曲］

❶ ⑪ レッツゴー！ あしたへ（斉唱・2部合唱） 2'12"

❷ ⑫ ぼくの太陽（2部合唱） 3'43"

❸ ⑬ おはようのエール（斉唱） 3'19"

❹ ⑭ またあした（斉唱） 2'58"

❺ ⑮ はじまりの気持ち（2部合唱） 3'06"

❻ ⑯ 時のおくりもの（2部合唱） 3'02"

❼ ⑰ Change!（2部合唱） 3'28"

❽ ⑱ 小さな勇気（2部合唱） 4'18"

❾ ⑲ ありがとうの約束（2部合唱） 4'13"

❿ ⑳ 明日へつなぐもの（2部合唱） 4'20"

演奏
むさし野ジュニア合唱団「風」
指揮＝前田美子
ピアノ＝坂爪三千代❸、平 美奈子❶❷❹～❿

制作：（株）音楽之友社
録音：2011年、2015年～2016年
CD制作：（有）スズキ.アーツプラン
CD録音：（株）フリーマーケット
CDプレス：東洋レコーディング（株）

KJCD-0112
R-16A0394TR JASRAC